Sempre evitei falar de mim,
falar-me. Quis falar de coisas.
Mas na seleção dessas coisas
não haverá um falar de mim?

João Cabral de Melo Neto

O artista inconfessável

Sumário

9   Dúvidas apócrifas de Marianne Moore

11   INFÂNCIA E JUVENTUDE

13   Autobiografia de um só dia
17   Menino de três engenhos
23   O jardim de minha avó
27   Menino de engenho
29   Os primos
33   Infância
35   A criadora de urubus
39   "Claros Varones"
45   Descoberta da literatura
47   A imaginação do pouco
51   Porto dos Cavalos
53   Cais do Apolo
55   Prosas da maré na Jaqueira
61   Teologia marista
65   As latrinas do Colégio Marista do Recife

67	O torcedor do América F. C.
71	A viagem

73	VIAGENS

75	A travessia do Atlântico
77	Resposta a Vinícius de Moraes
79	Conversa em Londres, 1952
83	O corredor de vulcões
87	Saudades de Berna
89	Na Guiné
91	O sol no Senegal
95	Em missão, de Dacar a Bissau
97	O automobilista infundioso
101	Habitar uma língua

103	SEVILHA, ESPANHA

105	Coisas de cabeceira, Sevilha
107	Alguns toureiros
111	No Círculo de *Labradores*
113	Conversa de sevilhana
115	Numa Sexta-Feira Santa
119	*Portrait of a Lady*
121	O *aire* de Sevilha
123	Lições de Sevilha
125	O exorcismo
127	O ferrageiro de Carmona
129	Na despedida de Sevilha

133	RECIFE, PERNAMBUCO

135	*The Return of the Native*

137	Coisas de cabeceira, Recife
139	Pregão turístico do Recife
141	Volta a Pernambuco
145	Chuvas do Recife
147	Lembrança do Porto dos Cavalos

149	RETRATO DO ARTISTA

151	Autocrítica
153	Poema
155	A Willy Lewin morto
157	Lendo provas de um poema
161	O que se diz ao editor a propósito de poemas
163	O autógrafo
165	O último poema
167	O poema
169	O artista inconfessável
171	O postigo

177	APÊNDICES

179	Fontes dos poemas
182	Cronologia
185	Bibliografia do autor
189	Bibliografia selecionada sobre o autor
193	Índice de títulos
196	Índice de primeiros versos

Dúvidas apócrifas de Marianne Moore

Sempre evitei falar de mim,
falar-me. Quis falar de coisas.
Mas na seleção dessas coisas
não haverá um falar de mim?

Não haverá nesse pudor
de falar-me uma confissão,
uma indireta confissão,
pelo avesso, e sempre impudor?

A coisa de que se falar
até onde está pura ou impura?
Ou sempre se impõe, mesmo
impuramente, a quem dela quer falar?

Como saber, se há tanta coisa
de que falar ou não falar?
E se o evitá-la, o não falar,
é forma de falar da coisa?

INFÂNCIA E JUVENTUDE

Sobre o lado ímpar da memória
o anjo da guarda esqueceu
perguntas que não se respondem.

Autobiografia de um só dia

A Maria Dulce e Luiz Tavares

No Engenho Poço não nasci:
minha mãe, na véspera de mim,

veio de lá para a Jaqueira,
que era onde, queiram ou não queiram,

os netos tinham de nascer,
no quarto-avós, frente à maré.

Ou porque chegássemos tarde
(não porque quisesse apressar-me,

e se soubesse o que teria
de tédio à frente, abortaria)

ou porque o doutor deu-me quandos,
minha mãe no quarto-dos-santos,

misto de santuário e capela,
lá dormiria, até que para ela

fizessem cedo no outro dia
o quarto onde os netos nasciam.

Porém em pleno Céu de gesso,
naquela madrugada mesmo,

nascemos eu e minha morte,
contra o ritual daquela Corte

que nada de um homem sabia:
que ao nascer esperneia, grita.

Parido no quarto-dos-santos,
sem querer, nasci blasfemando,

pois são blasfêmias sangue e grito
em meio à freirice de lírios,

mesmo se explodem (gritos, sangue),
de chácara entre marés, mangues.

Página ao lado, acima: ESTAÇÃO DA PONTE D'UCHÔA, NO RECIFE
abaixo: OS PAIS DE JOÃO, CARMEN CARNEIRO-LEÃO CABRAL DE MELO E
LUIZ ANTÔNIO CABRAL DE MELO

João Cabral, à direita, com seus irmãos Virgínio e Maurício Cabral de Melo

Menino de três engenhos

Lembro do Poço? Não me lembro? *O Engenho Poço*
Que lembro do primeiro Engenho?

Não vejo onde começariam
A lembrança e as fotografias.

Rio? Um nome: o Tapacurá,
rio entre pedras, a assoviar,

e um dia quase me afogou:
Lembro? ou alguém me contou?

Do Poço talvez lembre mesmo
é de um grande e geral bocejo

(ainda em mim, que ninguém podia
fazer dele fotografia).

Talvez lembre o ser-para-ruína,
do fornecedor, ser-para-a Usina,

que então tinha toda nas unhas
a várzea ex-Carneiro da Cunha.

Foi pouco tempo, mas é o Engenho   *Pacoval*
de que porém melhor me lembro.

Era engenho dos mais humildes
da vizinhança onde ele assiste.

A moita do Engenho, já morta
(existia, ou é só na memória?)

amadurecia ao sol e à lua
as coxas secas, já de viúva.

Dos "Engenhos de minha infância",
onde a memória ainda me sangra,

preferi sempre *Pacoval*:
a pequena Casa-Grande de cal,

com telhados de telha-vã
e a bagaceira verde e chã

onde logo eu e meu irmão
fomos a um futebol pé-no-chão.

Em Dois Irmãos era outra a fala;   *Dois Irmãos*
aquele era um engenho de sala.

Mesmo sendo de fogo morto
seu cerimonial já era outro.

Já se acordava de sapato,
não como em *Pacoval*, descalço.

A casa-grande, de fato grande,
se não histórica C.G. Grande,

tinha em si certa qualidade
ambígua de campo e cidade.

Mas com tudo isso era um engenho,
era um engenho, mesmo não moendo,

e mesmo se há de estar calçado
o chão é de chão, não de asfalto.

Sim, se gastavam mais sapatos,
e as mulheres, dos de salto alto.

E veio em Trinta a "Salvadora",   *A "Salvadora"*
a primeira de muitas outras

que disse vir para salvar
e pôs-se a salvar seu salvar,

e salvar o salvar do salvar
até que o salvar foi enredar.

Doutor Luiz, de Dois Irmãos,
perrepista, a Revolução

tinha de começar por ele
a lançar, salvadora, a rede:

a redada não valeu o lance
(algum fuzil, alguma amante).

Mas Doutor Luiz, Melo Azedo,
foi devassado e, mesmo, preso.

Desgostado, ele esquece a Cana.
Vai politicar e usar o diploma.

Página ao lado: João Cabral, à direita,
com irmão no Engenho Poço

O jardim de minha avó

Qualquer chácara então podia
com a necessária vacaria;

possuir um riacho privado
como se possui um cavalo;

manter touças de bananeiras
nas suas vertentes mais feias

(como as cidades, que os bordéis
plantam nas zonas de viés);

ter um jardim, com jardineiro,
para os estranhos e estrangeiros

que alguma vez aparecessem
a comparar com os que tivessem.

E ainda podia no quintal
dar-se a um jardim mais pessoal

como o de minha avó da Jaqueira,
oculto de quem sai ou chega.

Jardins que as visitas não viam,
que poucos viam, da família,

mas que tratava com a pureza
de quem faz diário para a gaveta.

Acima: João Cabral no Engenho Poço, nos anos 20

Menino de engenho

A cana cortada é uma foice.
Cortada num ângulo agudo,
ganha o gume afiado da foice
que a corta em foice, um dar-se mútuo.

Menino, o gume de uma cana
cortou-me ao quase de cegar-me,
e uma cicatriz, que não guardo,
soube dentro de mim guardar-se.

A cicatriz não tenho mais;
o inoculado, tenho ainda;
nunca soube é se o inoculado
(então) é vírus ou vacina.

Os primos

Meus primos todos
em pedra, na praça
comum, no largo
de nome indígena.
No gesso branco,
os antigos dias,
os futuros mortos.
Nas mãos caiadas,
as impressões digitais
particulares, os gestos
familiares. Os movimentos
plantados em alicerces,
e os olhos, mas bulindo
de vida presa.
Meus primos todos
em mármore branco:
o funcionário, o atleta,
o desenhista, o cardíaco,
os bacharéis anuais.
Nos olhamos nos olhos,
cumprimentamos nossas
duras estátuas.

Entre nossas pedras
(uma ave que voa,
um raio de sol)
um amor mineral,
a simpatia, a amizade
de pedra a pedra
entre nossos mármores
recíprocos.

João Cabral, o primeiro à direita, com os primos

João Cabral, o mais velho de boina, de férias com os primos

Infância

Sobre o lado ímpar da memória
o anjo da guarda esqueceu
perguntas que não se respondem.

Seriam hélices
aviões locomotivas
timidamente precocidade
balões-cativos si-bemol?

Mas meus dez anos indiferentes
rodaram mais uma vez
nos mesmos intermináveis carrosséis.

A criadora de urubus

A mulher de Seu Costa
(com medo se sabia)
criava urubus no galinheiro
junto com a criação comezinha.

Decepção ao saber
a correta razão:
não era pelo gosto doentio
de criar tais bichos do Cão,

nem pelo do exercício
do estranho e seus desvãos:
mas sim porque o urubu protege,
é padre, abençoa a criação.

Alguém a cada momento
vem morrer no longe horizonte
de meu quarto, onde esse alguém
é vento, barco, continente.

"Claros Varones"

O administrador José Ferreira
vestia a mais branca limpeza:
    rara, naquele meio
    de bagaceira e eito.

Ainda hoje, de roupa branca
chega na porta da lembrança:
    e o branco do brim forte
    outros traços dissolve.

Tanto encandeia a roupa branca
que nem deixa ver a alma mansa,
    que passa a simples peça
    de roupa branca, interna.

Ele era crente (ou nova-seita):
sua casa servia de igreja,
    ou templo (mais correto)
    aos engenhos de perto.

De lá, muitas noites, chegavam
cantos compridos como os da água,
    horizontais, sonâmbulos,
    como o rio e seu canto.

E se pensava: os nova-seitas,
em coro, feito as lavadeiras,
      lá estão na água de canto,
      alma e roupa lavando.

———————————

Quando Antônio de Siá Teresa
vinha embaixo, na bagaceira,
      se viu uma coisa rara:
      a pé, mas de gravata.

Viera a pé, e não a cavalo.
Andava a pé, mas de sapato.
      A pé, pela rodagem,
      e em roupas de cidade.

Viera em visita, de Moreno,
e foi entrando casa adentro.
      E outra maior surpresa:
      ter comido na mesa.

Tratava a todos por fulano,
costume estranho, tanto quanto
      ser oposicionista
      conversando política.

Difícil situá-lo direito
ouvindo que era funileiro;
      menos, com as palavras
      operário-de-fábrica.

Era difícil compreendê-lo:
homem entre homem e os do eito:
    de gravata, sapato,
    mas a pé, qual cassaco.

————————

Semanas, Severino Borges
vivia estreito qual num pote.
    Num pote por estreito:
    porque se pote, seco.

Só quando vinha um pastoril
rompia o pote que o vestiu.
    E romperia um dique,
    dado que era a atrizes.

Dava-se então noites seguidas,
e literalmente, às artistas.
    E se dava: primeiro
    jogando-se em dinheiro.

Depois, quando o jogara todo,
dava-se nas roupas do corpo,
    jogando-as, peça a peça,
    querendo ir numa delas.

Vendo que tudo o que jogara
não o pôde levar de embrulhada,
    nu, dá-se sem queixa
    à polícia que o leva.

Vai triste, e ninguém nunca sabe
se por saber dar mas não, dar-se,
  ou por não ser livre
  de poder repartir-se.

Onde João Prudêncio dormia
nunca pôde acordá-lo o dia.
  Não por horror ao leito,
  mas por passarinheiro.

Na várzea do Tapacurá
viveu revoando sem cessar,
  só pousando no engenho
  que o precisasse menos.

Ninguém armou uma arapuca
para engaiolar a sua fuga,
  nem pôde enfileirá-lo
  num eito funcionário.

E de corpo, mais passarinho:
no madeiramento franzino,
  maneiro e quase oco,
  leve, de pele e osso.

E passarinho ainda: no gesto
de estar temendo algo por perto
  e no costume lírico
  de se falar sozinho.

Qual passarinho, velho, o acharam
morto na vala de uma estrada:
    caído em pleno vôo
    de Muribara ao Poço.

Descoberta da literatura

No dia-a-dia do engenho,
toda a semana, durante,
cochichavam-me em segredo:
saiu um novo romance.
E da feira do domingo
me traziam conspirantes
para que os lesse e explicasse
um romance de barbante.
Sentados na roda morta
de um carro de boi, sem jante,
ouviam o folheto guenzo,
a seu leitor semelhante,
com as peripécias de espanto
preditas pelos feirantes.
Embora as coisas contadas
e todo o mirabolante
em nada ou pouco variassem
nos crimes, no amor, nos lances,
e soassem como sabidas
de outros folhetos migrantes,
a tensão era tão densa,
subia tão alarmante,
que o leitor que lia aquilo

como puro alto-falante,
e, sem querer, imantara
todos ali, circunstantes,
receava que confundissem
o de perto com o distante,
o ali com o espaço mágico,
seu franzino com o gigante,
e que o acabassem tomando
pelo autor imaginante
ou tivesse que afrontar
as brabezas do brigante.
(E acabaria, não fossem
contar tudo à Casa-grande:
na moita morta do engenho,
um filho-engenho, perante
cassacos do eito e de tudo,
se estava dando ao desplante
de ler letra analfabeta
de curumba, no caçanje
próprio dos cegos de feira,
muitas vezes meliantes.)

A imaginação do pouco

...imaginary gardens with real toads in them...
MARIANNE MOORE

A Afonso Félix de Souza

Siá Floripes veio do Poço
para Pacoval, Dois Irmãos,
para seguir contando histórias
de dormir, a mim, meu irmão.

Sabia apenas meia dúzia
(todas de céu, mas céu de bichos);
nem precisava saber de outras:
tinha fornido o paraíso.

Os bichos eram conhecidos,
e os que não, ela descrevia:
daqueles mesmo que inventava
(colando uma paca e uma jia)

dava precisa descrição,
tanto da estranha anatomia
quanto da fala, religião,
dos costumes que se faziam.

Só parecia saber pouco
do céu zoológico da história:
onde as festas, onde as intrigas,
como era, e o que era, isso de Glória.

Fora do céu de um dia azul
(sempre dia, porém de estrelas)
era a mais vaga a descrição
da horta do céu, da Glória aérea.

Para compor-me o céu dos contos,
no começo o vi como igreja;
coisas caídas no contar
fazem-me ver é a bagaceira.

Marianne Moore a admiraria.
Pois se seus jardins eram vagos,
eram altos: o céu rasteiro
era o meu, parco imaginário.

Página anterior: NA EXTREMA DIREITA, MENINO AINDA, COM AS PRIMAS

Porto dos Cavalos

De Santana de Dentro à curva
da "Padaria Seu Castor",
o Capibaribe é mais íntimo:
cão que me segue sem temor.

Havia oitizeiros (cortados),
as casas de tios passados;
há o muro secreto da Roda,
como a caridade, caiado.

Depois, o Porto dos Cavalos,
de nome gratuito ou perdido:
é ali que o rio se remansa
e em sesta fala a seu amigo.

Esse amigo que ele escolheu
entre meus irmãos e meus primos,
talvez porque, menos falante,
menos que falar, era de ouvidos.

Ou talvez porque no menino
sentisse o amigo-inimigo,
o que entende o que você diz
mas que o diz outro, noutro ritmo,

seja o que seja, no remanso
que há pelo Porto dos Cavalos,
o Capibaribe, em silêncio
(pouco ele foi de sobressaltos),

o Capibaribe repete
o que diz e contei no "Rio",
e mais de uma vez repeti
em poemas de alguns outros livros.

Me diz de viés, não me diz:
sua voz é o perfume que apresenta:
como Combray regressa a Proust
quando o convoca a "madalena".

Cais do Apolo

1

No Cais do Apolo, no Recife,
fazia-se literatura,
com muito beber de cachaça
e indiferentes prostitutas.

De dia, nenhum ia nele
e assim dele pouco sabia:
dos armazéns escancarados
onde açúcar entrava e saía,

onde barcaças, barcaceiros,
onde escritórios, escrituras:
de dia, todo do comércio,
de noite, de Rimbaud, das putas.

De noite, os lampiões amarelos
fingiam a noite européia
entrevista em filme francês
(usava-se muito "atmosfera").

2

Agora, nenhum Cais do Apolo,
nem Cais do Brum, há que se veja.
São cais nas placas das paredes
mas a água até eles não chega.

Antes foi cais de mar e rio
(no fundo, era um cais de maré),
hoje é cais de terra aterrada
(onde as barcaças, *chevrolets*).

Muitos arranha-céus cresceram
naquelas praias devolutas
e os computadores que trazem
dão com Rimbauds, se algum perdura.

Hoje, no que foi Cais do Apolo
literatura não há mais:
melhor para a literatura
que sem entreluzes se faz.

Prosas da maré na Jaqueira

1

Maré do Capibaribe
em frente de quem nasci,
a cem metros do combate
da foz do Parnamirim.

Na história, lia de um rio
onde muito em Pernambuco,
sem saber que o rio em frente
era o próprio-quase-tudo.

Como o mar chega à Jaqueira,
e chega mais longe, até,
no dialeto da família
te chamava de "a maré".

2

Maré do Capibaribe,
já tens de maré o estilo;
já não saltas, cabra agreste,
andas plano e comedido.

Não mais o fiapo de rio
que a seca corta e evapora:
na Jaqueira és já maré,
cadeiruda e a qualquer hora.

Teu rio, quase barbante,
a areia não o bebe mais:
é a maré que o bebe agora
(não é muito o que lhe dás).

3

Maré do Capibaribe,
minha leitura e cinema:
não fica vazio muito
teu filme, sem nada, apenas.

Muita coisa discorria(s),
coisas de nada ou pobreza,
pelo celulóide opaco
que em sessão contínua levas.

Mais que a dos filmes de então,
carrego tuas imagens:
mais que as nos rios, depois,
mais que todas as viagens.

4

Maré do Capibaribe,
afinal o que ensinaste
ao aluno em cujo bolso
tu pesas como uma chave?

Não sei se foi para sim
ou para não teu colégio:
o discurso de tua água
sem estrelas, rio cego,

de tua água sem azuis,
água de lama e indigente,
o pisar de elefantíase
que ao vir ao Recife aprendes.

5

Maré do Capibaribe,
mestre monótono e mudo,
que ensinaste ao antipoeta
(além de à música ser surdo)?

Nada de métrica larga,
gilbertiana, de teu ritmo;
nem lhe ensinaste a dicção
do verso Cardozo e liso,

as teias de Carlos Pena,
o viés de Matheos de Lima.
(Para poeta do Recife
achaste faltar-lhe a língua)

6

Maré do Capibaribe
entre a Jaqueira e Santana:
do cais, como tempo e espaço
vão de um a outro, se apanha.

O tempo se vai freando
(lago que a brisa arrepie)
o rolo de água maciça
que enche e esvazia o Recife,
até frear, todo espaço
(lago sem brisa no rosto),
frear de todo, água morta,
paralítica, de poço.

7

Maré do Capibaribe,
estaria a lição nisso:
em se mostrar como em circo
nos quandos em equilíbrio?

Em se mostrar como espaço
ou mostrar que o espaço tem
o tempo dentro de si,
que eles são dois e ninguém?

Ou com tua aula de física
querias mostrar que o tempo
não é um fio inteiriço
mas se desfia em fragmentos?

8

Maré do Capibaribe
na Jaqueira, onde menino,
cresci vendo-te arrastar
o passo doente e bovino.

Rio com quem convivi
sem saber que tal convívio,
quase uma droga, me dava
o mais ambíguo dos vícios:

dos quandos no cais em ruína
seguia teu passar denso,
veio-me o vício de ouvir
e sentir passar-me o tempo.

Teologia marista

1

Nas aulas de Apologética,
que nunca apurei o que era,
depois de enredar-se em frases
que se iam pelas janelas,
o Irmão Marista, sem rumo,
dizia: as provas são estas;
se concluímos ao contrário
é que a língua não tem setas
e para falar de Deus
este idioma não presta.
Mas que Deus existe mesmo,
mesmo se a língua se enreda,
eis um fato que diz tudo,
que é histórico e ninguém nega:
Voltaire, que negava Deus,
quando a Morte se apresenta,
bebe seu próprio urinol,
de si mesmo se envenena.

2

Agora no *aggiornamento*,
São Voltaire, ainda sem festa,
é celebrado, muito embora
de uma maneira discreta.
Em certa data, não sei,
porque ainda está secreta
(quem quiser pode escolher
a que melhor lhe pareça,
e há para quem São Voltaire
todo dia se celebra),
na clausura dos conventos
frades em volta da mesa
bebem a urina voltairiana
como uma honesta cerveja.

NA FORMATURA DO COLÉGIO MARISTA,
O JOVEM JOÃO CABRAL

As latrinas do Colégio Marista do Recife

Nos Colégios Maristas (Recife),
se a ciência parou na Escolástica,
a malvada estrutura da carne
era ensinada em todas as aulas,

com os vários creosotos morais
com que lavar gestos, olhos, língua;
à alma davam a água sanitária,
que aliás nunca usavam nas latrinas.

Lavar, na teologia marista,
é coisa da alma, o corpo é do diabo;
a castidade dispensa a higiene
do corpo, e de onde ir defecá-lo.

O torcedor do América F. C.

O desábito de vencer
não cria o calo da vitória;
não dá à vitória o fio cego
nem lhe cansa as molas nervosas.
Guarda-a sem mofo: coisa fresca,
pele sensível, núbil, nova,
ácida à língua qual cajá,
salto do sol no Cais da Aurora.

Página ao lado: COM UNIFORME DE FUTEBOL, AOS 18 ANOS

A viagem

Quem é alguém que caminha
toda a manhã com tristeza
dentro de minhas roupas, perdido
além do sonho e da rua?

Das roupas que vão crescendo
como se levassem nos bolsos
doces geografias, pensamentos
de além do sonho e da rua?

Alguém a cada momento
vem morrer no longe horizonte
de meu quarto, onde esse alguém
é vento, barco, continente.

Alguém me diz toda a noite
coisas em voz que não ouço.
Falemos na viagem, eu lembro.
Alguém me fala na viagem.

VIAGENS

Dá-se que um homem pouco vulcânico
habita o "Corredor dos Vulcões";
passeia entre eles, na Cordilheira,
como vaqueiro por entre os bois.

João com o pai, no Rio, nos anos 40

A travessia do Atlântico

A dez mil metros de altura
vai o homem no seu avião.
Sabe que vai mas não sabe
se vai de avião ou caixão.

Não tem medo. É como um trilho
o tubo vertiginoso,
o projétil disparado
que o leva dentro do bojo.

Nada há em volta que marque
que vai, que vai num veículo;
não sente percorrer nada,
vai, tempo e espaço abolidos.

É natural que não saiba
se vai de avião ou caixão:
livre do tempo e do espaço,
vai no imóvel que não dão.

Resposta a Vinícius de Moraes

Camarada diamante!

Não sou diamante nato
nem consegui cristalizá-lo:
se ele te surge no que faço
será um diamante opaco
de quem por incapaz do vago
quer de toda forma evitá-lo,
se não com o melhor, o claro,
do diamante, com o impacto:
com a pedra, a aresta, com o aço
do diamante industrial, barato,
que incapaz de ser cristal raro
vale pelo que tem de cacto.

Conversa em Londres, 1952

1

Durante que vivia em Londres,
amigo inglês me perguntou:
concretamente o que é o Brasil
que até se deu um Imperador?

Disse-lhe que há uma Amazônia
e outra sobrando no planalto;
todo inglês sonha essa expedição,
como nós, Parises, putrastros;

que temos vizinhos invizinhos,
quanto gastamos a imaginá-los;
onde um inglês pode viver?
no Recife de antes, Rio, São Paulo;

falei do que não há de falar,
muito menos para estrangeiros,
que é o Nordeste, onde começamos
a ser Brasil (talvez por erro).

2

Porém como a nenhum britânico
convence conversa impressionista,
pediu-me coisas para o dente:
dei-lhe somas recém-recebidas.

Dias estudou-as, e um dia:
"Posso dizer minha opinião?
O Brasil é o Império britânico
de si mesmo, e sem dispersão;

é fácil de ler nesse mapa,
colônias, colônia da Coroa,
domínios e reinos unidos,
e a Londres, certo mais monstruosa,

que no Brasil não é cidade,
é região, é esponja e é fluida,
a de Minas, Rio, São Paulo
que vos arrebata até a chuva."

3

"E o Nordeste, onde está no esquema?"
"Vejamos: não é só colônia;
é uma colônia com o especial
que à colônia dá ter história;

é a colônia condecorada,
que se deve dizer 'da Coroa',
principalmente Pernambuco,
onde, pelo que me diz, toda

coisa começou; e que você
não separa do que é Nordeste
(aliás, por que estados tão grandes?
por que só dividiram estes?);

enfim, o Nordeste é uma colônia
como qualquer, só que tem título,
o 'da Coroa', que o Rei dá
aos territórios mais mendigos."

O corredor de vulcões

Dá-se que um homem pouco vulcânico
habita o "Corredor dos Vulcões";
passeia entre eles, na Cordilheira,
como vaqueiro por entre os bois.

De cada lado do "Corredor"
estão deitados; morta é a oração,
é o vociferar, o deslavar-se;
hoje não são oradores, não.

Hoje são mansas fotografias,
aprenderam a ser sem berrar-se;
o tempo ensinou-lhes o silêncio,
a geometria do Cotopaxi,

que até minha janela de Quito,
com seu cone perfeito e de neve,
vem lembrar-me que a boa eloqüência
é a de falar forte mas sem febre.

João na varanda de sua casa em Dacar

Saudades de Berna

Onde jamais reencontrar
a submissa ambiência suíça?
onde outra vez reencontrar
a insuíça voz insubmissa?

Na Guiné

Conacri dá de volta
Piedade, Pina, Olinda,
praia onde se fala
a língua desta brisa.

Se o que ela diz me escapa,
seu ritmo, seu acento
são esses com que falo
o português brasilento.

O que não reencontro
no mar de igual sotaque
é o horizonte aberto,
nordestino, sem chaves:

Aqui as ilhas de Los,
dragões fingindo de ilhas,
fecham-no a quem no mar
queira espraiar-se a cisma.

O sol no Senegal

Para quem no Recife
se fez à beira-mar,
o mar é aquilo de onde
se vê o sol saltar.
Daqui, se vê o sol
não nascer, se enterrar:
sem molas, alegria,
quase murcho, lunar;
um sol nonagenário
no fim da circular,
abúlico, incapaz
de um limpo suicidar.
Aqui, deixa-se manso
corroer, naufragar;
não salta como nasce:
se desmancha no mar.

Assim, a haste no horizonte
é o mastro de um barco longe
e é a agulha de uma igreja
de um povoado que chega.

João em Sitges, na Catalunha

João Cabral trabalhando como embaixador na Mauritânia

Em missão, de Dacar a Bissau

O avião-táxi me apeia em Bissau,
vindo de ambíguo mar-areia.
Apeio; já nado o ar Recife;
súbito, a gota de uma igreja!

Igreja mais extraordinária:
do fio insosso das modernas,
rente à avenida, salva-a porém
a praça que a espaldas dela.

Ali reencontrei a alma úmida
das casas de porta e janela,
de um tijolo amadurecido
à sombra-poço de mangueiras.

O automobilista infundioso

Viajar pela *Provença*
é ir do timo à alfazema;
ir da lavanda à mostarda
como de uma a outra comarca.

É viajar nos cheiros castos,
ainda vegetais, em mato:
do casto normal de planta,
do sadio, de criança.

Cheiros-comarca, ao ar livre,
antes de que Grasse ou Nice
os misturem no óleo grosso
que lhes dá sabor de corpo.

Comarcas-cheiro, onde o carro
corre familiarizado:
onde a brisa e a gasolina
se confundem na alma limpa.

•

Após léguas de *Sertão*
só o carro vai resvalão,
pois a alma que ele carrega
se arrasta por paus e pedras.

Ela vai qual se a ralasse
a lixa R da paisagem;
ou qual se em corpo, despida,
varasse a caatinga urtiga;

ou se estivesse seu corpo,
como uma casaca-de-couro,
dentro de um ninho farpado,
feito de espinhos e talos;

ou fosse ela este carro
que, em vez de lubrificado,
rolasse com as juntas secas:
ou azeitadas com areia.

•

Qualquer campo da *Inglaterra*,
ainda em dia cru, sem névoa,
mostra o aspecto algodoento
de uma névoa todo-o-tempo.

A névoa-sempre algodoa
o espaço de coisa a coisa;
embota nelas as quinas,
o duro e o claro, o que é linha.

E além do aspecto: o contato
também se faz algodoado:
algodão na certa é a hera
que abraça sem roer a pedra;

e as estradas e este carro
percorrem-se em tom tão baixo
que as rodas na certa vão
(e são) por sobre algodão.

•

Quem vai de carro em *La Mancha*
recebe impressão estranha:
a de que ele vai rolando
na água aberta do oceano.

A Mancha é tão larga, à roda,
que ele não divisa costas;
tão chã, que se sentirá
entre horizontes de mar.

Assim, a haste no horizonte
é o mastro de um barco longe
e é a agulha de uma igreja
de um povoado que chega.

Que chega: mas quem a quem?
quem chega? quem vai ou vem?
Sente-se chegar no carro
e chegar a vila ou barco.

João no quintal de sua casa em Marselha

Habitar uma língua

J., agora que de regresso
não a teu país, mas à mesma
língua em que te falei
íntimo de cama e mesa,
eis que aprendo, nesta paisagem
da de teu país tão diversa,
que se habita uma língua
como se fala Marselha.

SEVILHA, ESPANHA

Tenho Sevilha em minha cama,
eis que Sevilha se fez carne,
eis-me habitando Sevilha
como é impossível de habitar-se.

Coisas de cabeceira, Sevilha

Diversas coisas se alinham na memória
numa prateleira com o rótulo: Sevilha.
Coisas, se na origem apenas expressões
de ciganos dali; mas claras e concisas
a um ponto de se condensarem em coisas,
bem concretas, em suas formas nítidas.

2

Algumas delas, e fora as já contadas:
não *esparramarse*, fazer na dose certa;
por derecho, fazer qualquer quefazer,
e o do ser, com a incorrupção da reta;
con nervio, dar a tensão ao que se faz
da corda de arco e a retensão da seta;
pies claros, qualidade de quem dança,
se bem pontuada a linguagem da perna.
(Coisas de cabeceira somam: *exponerse*,
fazer no extremo, onde o risco começa.)

Alguns toureiros

A Antonio Houaiss

Eu vi Manolo González
e Pepe Luís, de Sevilha:
precisão doce de flor,
graciosa, porém precisa.

Vi também Julio Aparício,
de Madrid, como *Parrita*:
ciência fácil de flor,
espontânea, porém estrita.

Vi Miguel Báez, *Litri*,
dos confins da Andaluzia,
que cultiva uma outra flor:
angustiosa de explosiva.

E também Antonio Ordóñez,
que cultiva flor antiga:
perfume de renda velha,
de flor em livro dormida.

Mas eu vi Manuel Rodríguez,
Manolete, o mais deserto,
o toureiro mais agudo,
mais mineral e desperto,

o de nervos de madeira,
de punhos secos de fibra,
o de figura de lenha,
lenha seca de caatinga,

o que melhor calculava
o fluido aceiro da vida,
o que com mais precisão
roçava a morte em sua fímbria,

o que à tragédia deu número,
à vertigem, geometria,
decimais à emoção
e ao susto, peso e medida,

sim, eu vi Manuel Rodríguez,
Manolete, o mais asceta,
não só cultivar sua flor
mas demonstrar aos poetas:

como domar a explosão
com mão serena e contida,
sem deixar que se derrame
a flor que traz escondida,

e como, então, trabalhá-la
com mão certa, pouca e extrema:
sem perfumar sua flor,
sem poetizar seu poema.

Foto tirada por João, da platéia de uma tourada na Espanha

João Cabral, embaixo e à esquerda, com amigos em "Tarde de Toros"

No Círculo de *Labradores*

No Círculo de *Labradores*,
ventanais sobre a *Calle* Sierpes,
entre *señoritos* velhinhos
cujos olhos nunca envelhecem,

em cadeiras de sentar às avessas,
via a leiga e civil procissão
que ali passa todas as tardes
e que é sem mão nem contramão.

Lidos os jornais estrangeiros,
que o clube assinava e ninguém lia
depois de saber de Lisboa,
de Paris, de Londres, da Suíça,

a Europa e suas quentes intrigas
virava notícias insossas
ao sal do estilo dos velhinhos
ao passar de uma *buena moza*.

Conversa de sevilhana

Se vamos todos para o inferno,
e é fácil dizer quem vai antes:
nus, lado a lado nesta cama,
lá vamos primeiro que Dante.

Eu sei bem quem vai para o inferno:
primeiro, nós dois, nesses trajes
que ninguém nunca abençoou,
nós, desabençoados dos padres.

Depois de nós dois, para o inferno
vão todos os *chauffeurs* de táxi,
que embora pagos nos conduzem
de pé atrás, contra a vontade;

depois, a polícia, os porteiros,
os que estão atrás dos guichês,
quem controlando qualquer coisa
do controlado faz-se ver;

depois, irão esses que fazem
do que é controle, autoridade,
os que batem com o pé no chão,
os que "sabe que sou? não sabe?"

Enfim, quem manda vai primeiro,
vai de cabeça, vai direto:
talvez precise de sargentos
a ordem-unida que há no inferno.

Numa Sexta-Feira Santa

1

Semana Santa na Andaluzia:
o que de sacro ainda o feria.

A de que conta foi em Utrera,
de Sevilha a quase seis léguas.

O grande dia da Semana
é a noite Quinta-Sexta Santa.

Preferiu passá-la em Utrera
que a faz em mais pobre maneira,

mas onde queria assistir
o Cristo Cigano que ia ir

reentrar na Matriz de Utrera
nos braços das *saetas* da Pepa.

Pepa, grande por *bulerías*,
cantando *saetas* estrearia,

e era tão grande o interesse
que de Sevilha veio quem viesse.

2

Passa que cantar por *saetas*,
cante que aceita a própria Igreja,

faz-se com o mesmo compasso
das *siguiriyas*, que os ciganos

carregam no pulso e na língua
para confusão da polícia.

Porém se algum guarda-civil
tiver o ouvido mais sutil

e sentir que o *cantaor* ia
não por *saeta* mas *siguiriya*,

leva o infrator para a cadeia
por desaforo a Franco e à Igreja.

Ora, o cigano canta o que pode,
não aprende: é o que dele jorre,

e sua garganta em carne viva
não sabe linha que a divida.

3

Sucedeu que na Quinta-Feira
Santa, quando manhã da Sexta,

e ia voltar o Cristo Cigano
para o altar, a dormir outro ano,

Pepa celebrou-lhe a agonia
não por *saetas* mas *siguiriyas*.

Um guarda-civil competente
em *flamenco*, imediatamente,

nota a sacrílega infração
dela, e dos que com ela estão.

E às cinco da manhã de Utrera,
manhã santa da Sexta-Feira,

quer levar tudo ao Delegado:
por *cante* e aplaudir o cantado

(extraterritorial presente
soltou-os, sem mais incidentes).

4

Ao saírem da Delegacia,
o que fazer? onde se iria?

Lembram: à casa da Cortés
que estará em casa, talvez.

O utrerense que pela Espanha
regressa a Utrera na Semana.

Pois ocultos, na Santa Sexta,
deram a si próprios grande festa.

Sendo ele o só espectador
(cada artista logo o ignorou)

viu o melhor *flamenco* até ali:
o que cada um faz para si,

quando sem público que dê terra
cada um expõe sua febre elétrica.

Nunca ele viu Semana Santa
celebrada tão das entranhas.

Portrait of a Lady

Nunca vi nem mesmo andaluza
usar as pernas como tu usas:

têm semelhante pedestal
e a cintura viva e axial

que as deixa rodar ao redor
sem despegar os pés do andor;

sabem o girar sobre as pernas,
não fazer girar em volta delas;

não vi nenhuma ser o sol,
o centro de algum arredor,

dessa gravitação que crias
se no centro da sala ficas.

Tuas pernas, eixo de um sistema,
fazem girar ao redor delas,

o que vai, vem, fala, se cala,
no sistema solar da sala.

João Cabral, o segundo à esquerda, ao fundo, na "Feria de Sevilla" com amigos ciganos

O *aire* de Sevilha

Mal cantei teu ser e teu canto
enquanto te estive, dez anos.

Cantaste em mim e ainda tanto,
cantas em mim teus dois mil anos.

Agora há um cantar diferente
declanchado como a *madeleine*

de Proust, que precipitava
a vida que já não lembrava.

Essa *madeleine* à mão está
e não depende mais do chá

que lhe servia certos dias
a certo menino uma tia,

nem como o chão tropeçante
do pátio da Casa Guermantes:

tenho-o comigo todo o dia,
hoje o que é o *aire* de Sevilha.

João com Murilo Mendes na Espanha

Lições de Sevilha

Tenho Sevilha em minha cama,
eis que Sevilha se fez carne,
eis-me habitando Sevilha
como é impossível de habitar-se.

Nada há em volta que me lembre
a Sevilha cartão-postal,
a que é turístico-anedótica,
a que é museu e catedral.

Esta é a Sevilha trianera,
Sevilha fundo de quintal,
Sevilha de lençol secando,
a que é corriqueira e normal.

É a Sevilha que há nos seus poços,
se há poço ou não, pouco importa;
a Sevilha que dá às sevilhanas
lições de Sevilha, de fora.

O exorcismo

Madrid, novecentos sessenta.
Aconselham-me o Grão-Doutor.
"Sei que escreve: poderei lê-lo?
Se não tudo, o que acha melhor."

Na outra semana é a resposta.
"Por que da morte tanto escreve?"
"Nunca da minha, que é pessoal,
mas da morte social, do Nordeste."

"Certo. Mas além do senhor,
muitos nordestinos escrevem.
Ouvi contar de sua região.
Já li algum livro de Freyre.

Seu escrever da morte é exorcismo,
seu discurso assim me parece:
é o pavor da morte, da sua,
que o faz falar da do Nordeste."

O ferrageiro de Carmona

Um ferrageiro de Carmona
que me informava de um balcão:
"Aquilo? É de ferro fundido,
foi a fôrma que fez, não a mão.

Só trabalho em ferro forjado
que é quando se trabalha ferro;
então, corpo a corpo com ele,
domo-o, dobro-o, até o onde quero.

O ferro fundido é sem luta,
é só derramá-lo na fôrma.
Não há nele a queda-de-braço
e o cara-a-cara de uma forja.

Existe grande diferença
do ferro forjado ao fundido;
é uma distância tão enorme
que não pode medir-se a gritos.

Conhece a Giralda em Sevilha?
Decerto subiu lá em cima.
Reparou nas flores de ferro
dos quatro jarros das esquinas?

Pois aquilo é ferro forjado.
Flores criadas numa outra língua.
Nada têm das flores de fôrma
moldadas pelas das campinas.

Dou-lhe aqui humilde receita,
ao senhor que dizem ser poeta:
o ferro não deve fundir-se
nem deve a voz ter diarréia.

Forjar: domar o ferro à força,
não até uma flor já sabida,
mas ao que pode até ser flor
se flor parece a quem o diga."

Na despedida de Sevilha

"Tó lo bueno le venga a U'ted.
Não viveu cá como um qualquer.
Conheceu Sevilha como a Bíblia
fala de conhecer mulher.

Sei tudo dessas relações
de corpo, que não o deixarão
ir de Sevilha a outra cidade
como alguém que se lava as mãos.

Sei que sabe de tudo, até
dos estilos de matar touros;
do *flamenco* e sua goela extrema,
de sua alma esfolada, sem couro.

Sei que bem sabe distinguir
a *soleá* de uma *siguiriya*.
Sei que conhece casa a casa,
sua cal de agora e a cal antiga.

Sei que entende nossos *infundios*,
nossa verdade de mentira
que o sevilhano faz mais franco
mas nunca um Franco nem polícia.

Eu, como simples sevilhano,
só sei *adiós* na minha língua,
nesse andaluz de que a gramática
fala desde Madrid, e de cima.

Vaya con Dió! com o gracioso
que anda na boca das ciganas,
no Pumarejo, em Santa Cru,
nos cais da Barreta e Triana.

Repito *adió*! nesse andaluz
que é o espanhol com mais imagens,
que faz a cigana e a duquesa
benzerem-se igual: *Qué mal ange!*"

RECIFE, PERNAMBUCO

Diversas coisas se alinham na memória
numa prateleira com o rótulo: Recife.
Coisas como de cabeceira da memória,
a um tempo coisas e no próprio índice;
e pois que em índice: densas, recortadas,
bem legíveis, em suas formas simples.

The Return of the Native

1

Como já não poderá dar-se
a volta a casa do nativo
que acabará num chão sulino
onde muito pouco assistiu,

para fingir a volta a casa
desenrola esse carretel
que sabe é de um fio de estopa
(desenrolado, vira mel).

2

Em quase tudo de que escreve,
como se ainda lá estivesse,
há um Pernambuco que nenhum
pernambucano reconhece.

Quando seu discurso é esse espaço
de que fala, de longe e velho,
o seu é um discurso arqueológico
que não está nem em Mario Melo.

3

O Pernambuco de seu bolso
(que é onde vai sua idéia de céu)
como um cão no bolso, é distinto
do que vê quem que o conviveu:

é um falar em fotografia
a quem o vive no cinema;
mesmo que tudo esteja igual
a voz tem cheiro de alfazema.

4

Assim, é impossível de dar-se
a volta a casa do nativo.
Não acha a casa nem a rua,
e quem não morreu, dos amigos,

amadureceu noutros sóis:
não fala na mesma linguagem
e estranha que ele estranhe a esquina
em que construíram tal desastre.

Coisas de cabeceira, Recife

Diversas coisas se alinham na memória
numa prateleira com o rótulo: Recife.
Coisas como de cabeceira da memória,
a um tempo coisas e no próprio índice;
e pois que em índice: densas, recortadas,
bem legíveis, em suas formas simples.

2

Algumas delas, e fora as já contadas:
o combogó, cristal do número quatro;
os paralelepípedos de algumas ruas,
de linhas elegantes mas grão áspero;
a empena dos telhados, quinas agudas
como se também para cortar, telhados;
os sobrados, paginados em *romancero*,
várias colunas por fólio, imprensados.
(Coisas de cabeceira, firmando módulos:
assim, o do vulto esguio dos sobrados.)

Pregão turístico do Recife

A Otto Lara Resende

Aqui o mar é uma montanha
regular, redonda e azul,
mais alta que os arrecifes
e os mangues rasos ao sul.

Do mar podeis extrair,
do mar deste litoral,
um fio de luz precisa,
matemática ou metal.

Na cidade propriamente
velhos sobrados esguios
apertam ombros calcários
de cada lado de um rio.

Com os sobrados podeis
aprender lição madura:
um certo equilíbrio leve,
na escrita, da arquitetura.

E neste rio indigente,
sangue-lama que circula
entre cimento e esclerose
com sua marcha quase nula,

e na gente que se estagna
nas mucosas deste rio,
morrendo de apodrecer
vidas inteiras a fio,

podeis aprender que o homem
é sempre a melhor medida.
Mais: que a medida do homem
não é a morte mas a vida.

Volta a Pernambuco

A Benedito Coutinho

Contemplando a maré baixa
nos mangues do Tijipió
lembro a baía de Dublin
que daqui já me lembrou.

Em meio à bacia negra
desta maré quando em cio,
eis a Albufera, Valência,
onde o Recife me surgiu.

As janelas do cais da Aurora,
olhos compridos, vadios,
incansáveis, como em Chelsea,
vêem rio substituir rio,

e essas várzeas de Tiuma
com seus estendais de cana
vêm devolver-me os trigais
de Guadalajara, Espanha.

Mas as lajes da cidade
não me devolvem só uma,
nem foi uma só cidade
que me lembrou destas ruas.

As cidades se parecem
nas pedras do calçamento
das ruas artérias regando
faces de vário cimento,

por onde iguais procissões
do trabalho, sem andor,
vão levar o seu produto
aos mercados do suor.

Todas lembravam o Recife,
este em todas se situa,
em todas em que é um crime
para o povo estar na rua,

em todas em que esse crime,
traço comum que surpreendo,
pôs nódoas de vida humana
nas pedras do pavimento.

João com Francisco Bandeira de Mello (de camisa branca) no Capibaribe

Chuvas do Recife

1

Sei que a chuva não quebra osso,
que há defesas contra seu soco.

Mas sob a chuva tropical
me sinto ante o Juízo Final

em que não creio mas me volta
como o descreviam na escola:

mesmo se ela cai sem trovão,
demótica em sua expressão.

2

No Recife, se a chuva chove,
a chuva é a desculpa mais nobre

para não se ir, não se fazer,
para trancar-se no não-ser.

Mais que em cordas é chuva em sabres
que aprisiona o dia em grades;

e mesmo que tenha gazuas
da grade viva evita a rua.

3

A chuva nem sempre é polícia,
fechando o mundo em grades frias:

há certas chuvas aguaceiras
que não caem em grades, linheiras:

se chovem sem qualquer estilo,
se chovem montanhas, sem ritos.

São chuvas que dão cheias, trombas,
em vez de cadeia dão bombas.

4

Há no Recife uma outra chuva
(embora rara), rala, miúda.

Não como a chuva da chuvada,
que cai, agride, e é pedra de água,

passa em peneiras esta chuva,
não traz balas, não tranca ruas:

mas faz também ficar em casa
quem pode, antevivento o nada.

Lembrança do Porto dos Cavalos

O incenso e fumos não sagrados:
o cheiro nunca dispensaram

da lama, folhas de ingazeira,
monturo e lixo, da Jaqueira.

A maré-baixa e a maré-cheia
recobrem, tiram da panela,

essa infusão que o sol destila
no meu álcool, minha bebida.

Não tem do fumo o cheiro enxuto,
cheira entre o que é vivo e o corruto,

cheira na linha da poesia:
entre o defunto e o suor de vida.

RETRATO DO ARTISTA

A tinta e a lápis
escrevem-se todos
os versos do mundo.

Autocrítica

Só duas coisas conseguiram
(des)feri-lo até a poesia:
o Pernambuco de onde veio
e o aonde foi, a Andaluzia.
Um o vacinou do falar rico
e deu-lhe a outra, fêmea e viva,
desafio demente: em verso
dar a ver Sertão e Sevilha.

Página ao lado: João Cabral, no início dos anos 70, preparando-se para
discurso

Poema

Trouxe o sol à poesia,
mas como trazê-lo ao dia?

No papel mineral
qualquer geometria
fecunda a pura flora
que o pensamento cria.

Mas à floresta de gestos
que nos povoa o dia,
esse sol de palavra
é natureza fria.

Ora, no rosto que, grave,
riso súbito abria,
no andar decidido
que os longes media,

na calma segurança
de quem tudo sabia,
no contato das coisas
que apenas coisas via,

nova espécie de sol
eu, sem contar, descobria:
não a claridade imóvel
da praia ao meio-dia,

de aérea arquitetura,
ou de pura poesia:
mas o oculto calor
que as coisas todas cria.

1947

A Willy Lewin morto

Se escrevemos pensando
como nos está julgando
alguém que em nosso ombro
dobrado, imaginamos,

e é o primeiro que assiste
ao enredado e incerto
que é como no papel
se vai nascendo o verso,

e testemunha o aceso
de quem está no estado
do arqueiro quando atira,
mais tenso que seu arco,

foste ainda o fantasma
que prelê o que faço,
e de quem busco tanto
o sim e o desagrado.

Lendo provas de um poema

Com Rubem Braga, certa vez,
lia em provas "Dois Parlamentos".
Na manhã ipanema e verão,
em volta do alto apartamento,
sem que carniça houvesse perto,
sem explicação, todo um elenco
de urubus se pôs a rondar
a cobertura, em vôos pensos:
como se farejassem a morte
no texto que estávamos lendo
e se a inodora morte escrita
não fosse esconjuro mas treno.

Não haverá nesse pudor
de falar-me uma confissão,
uma indireta confissão,
pelo avesso, e sempre impudor?

O que se diz ao editor a propósito de poemas

A José Olympio e Daniel

Eis mais um livro (fio que o último)
de um incurável pernambucano;
se programam ainda publicá-lo,
digam-me, que com pouco o embalsamo.

E preciso logo embalsamá-lo:
enquanto ele me conviva, vivo,
está sujeito a cortes, enxertos:
terminará amputado do fígado,

terminará ganhando outro pâncreas;
e se o pulmão não pode outro estilo
(esta dicção de tosse e gagueira),
me esgota, vivo em mim, livro-umbigo.

Poema nenhum se autonomiza
no primeiro ditar-se, esboçado,
nem no construí-lo, nem no passar-se
a limpo do datilografá-lo.

Um poema é o que há de mais instável:
ele se multiplica e divide,
se pratica as quatro operações
enquanto em nós e de nós existe.

Um poema é sempre, como um câncer:
que química, cobalto, indivíduo
parou os pés desse potro solto?
Só o mumificá-lo, pô-lo em livro.

O autógrafo

Calma ao copiar estes versos
antigos: a mão já não treme
nem se inquieta; não é mais a asa
no vôo interrogante do poema.
A mão já não devora
tanto papel; nem se refreia
na letra miúda e desenhada
com que canalizar sua explosão.
O tempo do poema não há mais;
há seu espaço, esta pedra
indestrutível, imóvel, mesma:
e ao alcance da memória
até o desespero, o tédio.

O último poema

Não sei quem me manda a poesia
nem se Quem disso a chamaria.

Mas quem quer que seja, quem for
esse Quem (eu mesmo, meu suor?),

seja mulher, paisagem ou o não
de que há preencher os vãos,

fazer, por exemplo, a muleta
que faz andar minha alma esquerda,

ao Quem que se dá à inglória pena
peço: que meu último poema

mande-o ainda em poema perverso,
de antilira, feito em antiverso.

O poema

A tinta e a lápis
escrevem-se todos
os versos do mundo.

Que monstros existem
nadando no poço
negro e fecundo?

Que outros deslizam
largando o carvão
de seus ossos?

Como o ser vivo
que é um verso,
um organismo

com sangue e sopro,
pode brotar
de germes mortos?

•

O papel nem sempre
é branco como
a primeira manhã.

É muitas vezes
o pardo e pobre
papel de embrulho;

é de outras vezes
de carta aérea,
leve de nuvem.

Mas é no papel,
no branco asséptico,
que o verso rebenta.

Como um ser vivo
pode brotar
de um chão mineral?

O artista inconfessável

Fazer o que seja é inútil.
Não fazer nada é inútil.
Mas entre fazer e não fazer
mais vale o inútil do fazer.
Mas não fazer para esquecer
que é inútil: nunca o esquecer.
Mas fazer o inútil sabendo
que ele é inútil, e bem sabendo
que é inútil e que seu sentido
não será sequer pressentido,
fazer: porque ele é mais difícil
do que não fazer, e dificil-
mente se poderá dizer
com mais desdém, ou então dizer
mais direto ao leitor Ninguém
que o feito o foi para ninguém.

O postigo

A Theodemiro Tostes,
confrade,
colega, amigo

1

Agora aos sessenta e mais anos,
quarenta e três de estar em livro,
peço licença para fechar,
com o que lestes(?), meu postigo.

Não há nisso nada de hostil:
poucos foram tão bem tratados
como o escritor dessas plaquetes
que se escreviam sem mercado.

Também, ao fechar o postigo,
não privo de nada ninguém:
não vejo fila em minha frente,
não o estou fechando contra alguém.

2

O que acontece é que escrever
é ofício dos menos tranqüilos:
se pode aprender a escrever,
mas não a escrever certo livro.

Escrever jamais é sabido;
o que se escreve tem caminhos;
escrever é sempre estrear-se
e já não serve o antigo ancinho.

Escrever é sempre o inocente
escrever do primeiro livro.
Quem pode usar da experiência
numa recaída de tifo?

3

Aos sessenta, o pulso é pesado:
faz sentir alarmes de dentro.
Se o queremos forçar demais
ele nos corta o suprimento

de ar, de tudo, e até da coragem
para enfrentar o esforço intenso
de escrever, que entretanto lembra
o de dona bordando um lenço.

Aos sessenta, o escritor adota,
para defender-se, saídas:
ou o mudo medo de escrever
ou o escrever como se mija.

4

Voltaria a abrir o postigo,
não a pedido do mercado,
se escrever não fosse de nervos,
fosse coisa de dicionários.

Viver nervos não é higiene
para quem já entrado em anos:
quem vive nesse território
só pensa em conquistar os quandos:

o tempo para ele é uma vela
que decerto algum subversivo
acendeu pelas duas pontas,
e se acaba em duplo pavio.

Página seguinte: João Cabral em sua casa no Flamengo

A coisa de que se falar
até onde está pura ou impura?
Ou sempre se impõe, mesmo impura-
mente, a quem dela quer falar?

Como saber, se há tanta coisa
de que falar ou não falar?
E se o evitá-la, o não falar,
é forma de falar da coisa?

APÊNDICES

Fontes dos poemas

1. Dúvidas apócrifas de Marianne Moore *in Agrestes*

INFÂNCIA E JUVENTUDE

2. Autobiografia de um só dia *in A escola das facas*
3. Menino de três engenhos *in Crime na calle Relator*
4. O jardim de minha avó *in Agrestes*
5. Menino de engenho *in A escola das facas*
6. Os primos *in O engenheiro*
7. Infância *in Pedra do sono*
8. A criadora de urubus *in Museu de tudo*
9. "Claros Varones" *in Serial*
10. Descoberta da literatura *in A escola das facas*
11. A imaginação do pouco *in A escola das facas*
12. Porto dos Cavalos *in Crime na calle Relator*
13. Cais do Apolo *in Agrestes*
14. Prosas da maré na Jaqueira *in A escola das facas*

15. Teologia marista *in Agrestes*

16. As latrinas do Colégio Marista do Recife *in Agrestes*

17. O torcedor do América F.C. *in Museu de tudo*

18. A viagem *in O engenheiro*

VIAGENS

19. A travessia do Atlântico *in Agrestes*

20. Resposta a Vinícius de Moraes *in Museu de tudo*

21. Conversa em Londres, 1952 *in Agrestes*

22. O corredor de vulcões *in Agrestes*

23. Saudades de Berna *in Museu de tudo*

24. Na Guiné *in Agrestes*

25. O sol no Senegal *in Museu de tudo*

26. Em missão, de Dacar a Bissau *in Agrestes*

27. O automobilista infundioso *in Serial*

28. Habitar uma língua *in Museu de tudo*

SEVILHA, ESPANHA

29. Coisas de cabeceira, Sevilha *in A educação pela pedra*

30. Alguns toureiros *in Paisagens com figuras*

31. No Círculo de *Labradores in Andando Sevilha*

32. Conversa de sevilhana *in Agrestes*

33. Numa Sexta-Feira Santa *in Crime na calle Relator*

34. *Portrait of a Lady in Agrestes*

35. O *aire* de Sevilha *in Sevilha andando*

36. Lições de Sevilha *in Sevilha andando*

37. O exorcismo *in Crime na calle Relator*

38. O ferrageiro de Carmona *in Crime na calle Relator*

39. Na despedida de Sevilha *in Crime na calle Relator*

RECIFE, PERNAMBUCO

40. *The Return of the Native in Agrestes*

41. Coisas de cabeceira, Recife *in A educação pela pedra*

42. Pregão turístico do Recife *in Paisagens com figuras*

43. Volta a Pernambuco *in Paisagem com figuras*

44. Chuvas do Recife *in A escola das facas*

45. Lembrança do Porto dos Cavalos *in Agrestes*

RETRATO DO ARTISTA

46. Autocrítica *in A escola das facas*

47. Poema *in Museu de tudo*

48. A Willy Lewin morto *in Museu de tudo*

49. Lendo provas de um poema *in Museu de tudo*

50. O que se diz ao editor a propósito de poemas *in A escola das facas*

51. O autógrafo *in Museu de tudo*

52. O último poema *in Agrestes*

53. O poema *in O engenheiro*

54. O artista inconfessável *in Museu de tudo*

55. O postigo *in Agrestes*

Cronologia

1920 – Filho de Luiz Antônio Cabral de Melo e de Carmem Carneiro-Leão Cabral de Melo, nasce, no Recife, João Cabral de Melo Neto.

1930 – Depois de passar a infância nos municípios de São Lourenço da Mata e Moreno, volta para o Recife.

1935 – Obtém destaque no time juvenil de futebol do Santa Cruz Futebol Clube. Logo, porém, abandona a carreira de atleta.

1942 – Em edição particular, publica seu primeiro livro, *Pedra do sono*.

1945 – Publica *O engenheiro*. No mesmo ano, ingressa no Itamaraty.

1947 – Muda-se, a serviço do Itamaraty, para Barcelona, lugar decisivo para a sua obra. Compra uma tipografia manual e imprime, desde então, textos de autores brasileiros e espanhóis. Nesse mesmo ano trava contato com os espanhóis Joan Brossa e Antoni Tàpies.

1950 – Publica *O cão sem plumas*. Em Barcelona, as Editions de l'Oc publicam o ensaio *Joan Miró*, com gravuras originais do pintor. O Itamaraty o transfere para Londres.

1952 – Sai no Brasil, em edição dos *Cadernos de cultura do MEC*, o ensaio *Joan Miró*. É acusado de subversão e retorna ao Brasil.

1953 – O inquérito é arquivado.

1954 – *O rio*, redigido no ano anterior, recebe o Prêmio José de Anchieta, concedido pela Comissão do IV Centenário de São Paulo, que também imprime uma edição do texto. A Editora Orfeu publica uma edição de seus *Poemas reunidos*. Retorna às funções diplomáticas.

1955 – Recebe, da Academia Brasileira de Letras, o Prêmio Olavo Bilac.

1956 – Sai, pela Editora José Olympio, *Duas águas*. Além dos livros anteriores, o volume contém *Paisagens com figuras, Uma faca só lâmina* e *Morte e vida severina*. Volta a residir na Espanha.

1958 – É transferido para Marselha, França.

1960 – Em Lisboa, publica *Quaderna* e, em Madri, *Dois parlamentos*. Retorna para a Espanha, trabalhando agora em Madri.

1961 – Reunindo *Quaderna* e *Dois parlamentos*, junto com o inédito *Serial*, a Editora do Autor publica *Terceira feira*.

1964 – É nomeado um dos representantes da delegação brasileira nas Nações Unidas, em Genebra.

1966 – Com música de Chico Buarque de Holanda, o Teatro da Universidade Católica de São Paulo (Tuca) monta *Morte e vida severina*, com estrondoso sucesso. A peça é encenada em diversas cidades brasileiras e, depois, em Portugal e na França. Publica *A educação pela pedra*, que recebe vários prêmios, entre eles o Jabuti. O Itamaraty o transfere para Berna.

1968 – A Editora Sabiá publica a primeira edição de suas *Poesias completas*. É eleito, na vaga deixada por Assis Chateaubriand, para ocupar a cadeira 37 da Academia Brasileira de Letras. Retorna para Barcelona.

1969 – Com recepção de José Américo de Almeida, toma posse na Academia Brasileira de Letras. É transferido para Assunção, no Paraguai.

1972 – É nomeado embaixador no Senegal, África.

1975 – A Associação Paulista de Críticos de Arte lhe concede o Grande Prêmio de Crítica. Publica *Museu de tudo*.

1979 – Publica *A escola das facas*.

1981 – É transferido para a embaixada de Honduras.

1982 – Publica *Auto do frade*.

1985 – Publica *Agrestes*.

1986 – Assume o Consulado-Geral no Porto, Portugal.

1987 – No mesmo ano, recebe o prêmio da União Brasileira de Escritores e publica *Crime na Calle Relator*. Retorna ao Brasil.

1988 – Publica *Museu de tudo e depois*.

1990 – Aposenta-se do Itamaraty. Publica *Sevilha andando* e recebe, em Lisboa, o Prêmio Luís de Camões.

1992 – Em Sevilha, na Exposição do IV Centenário da Descoberta da América é distribuída a antologia *Poemas sevilhanos*, especialmente preparada para a ocasião. A Universidade de Oklahoma lhe concede o Neustadt International Prize.

1994 – São publicadas, em um único volume, suas *Obras completas*. Recebe na Espanha o Prêmio Rainha Sofia de Poesia Íbero-Americana, pelo conjunto da obra.

1996 – O Instituto Moreira Salles inaugura os *Cadernos de literatura brasileira* com um número sobre o poeta.

1999 – João Cabral de Melo Neto falece no Rio de Janeiro.

(Fontes: Melo Neto, João Cabral. *Obra completa*. Rio de Janeiro: Editora Nova Aguilar, 2003; *Cadernos de literatura brasileira*. Instituto Moreira Salles. N. 1, março de 1996; Castello, José. *João Cabral de Melo Neto: O homem sem alma & Diário de tudo*. Rio de Janeiro: Bertrand Brasil, 2006; Academia Brasileira de Letras; Fundação Joaquim Nabuco.)

Bibliografia do autor

POESIA

Livros avulsos

Pedra do sono. Recife: edição do autor, 1942. [sem numeração de páginas]. Tiragem de 300 exemplares, mais 40 em papel especial.

Os três mal-amados. Rio de Janeiro: Revista do Brasil, nº 56, dezembro de 1943. p. 64-71.

O engenheiro. Rio de Janeiro: Amigos da Poesia, 1945. 55 p.

Psicologia da composição com *A fábula de Anfion* e *Antiode.* Barcelona: O Livro Inconsútil, 1947. 55 p. Tiragem restrita, não especificada, mais 15 em papel especial.

O cão sem plumas. Barcelona: O Livro Inconsútil, 1950. 41 p. Tiragem restrita, não especificada.

O rio ou *Relação da viagem que faz o Capibaribe de sua nascente à cidade do Recife.* São Paulo: Edição da Comissão do IV Centenário de São Paulo, 1954. [s.n.p.]

Quaderna. Lisboa: Guimarães Editores, 1960. 113 p.

Dois parlamentos. Madri: edição do autor, 1961. [s.n.p.] Tiragem de 200 exemplares.

A educação pela pedra. Rio de Janeiro: Editora do Autor, 1966. 111 p.

Museu de tudo. Rio de Janeiro: José Olympio, 1975. 96 p.

A escola das facas. Rio de Janeiro: José Olympio, 1980. 94 p.

Auto do frade. Rio de Janeiro: José Olympio, 1984. 87 p.

Agrestes. Rio de Janeiro: Nova Fronteira, 1985. 160 p. Além da convencional, houve tiragem de 500 exemplares em papel especial.

Crime na calle Relator. Rio de Janeiro: Nova Fronteira, 1987. 82 p.

Sevilha andando. Rio de Janeiro: Nova Fronteira, 1989. 84 p.

Primeiros poemas. Rio de Janeiro: Faculdade de Letras da UFRJ, 1990. 46 p. Tiragem de 500 exemplares.

Obras reunidas

Poemas reunidos. Rio de Janeiro: Orfeu, 1954. 126 p.

Duas águas. Rio de Janeiro: José Olympio, 1956. 270 p. Inclui em primeira edição *Morte e vida severina*, *Paisagens com figuras* e *Uma faca só lâmina*. Além da convencional, houve tiragem de 20 exemplares em papel especial.

Terceira feira. Rio de Janeiro: Editora do Autor, 1961. 214 p. Inclui em primeira edição *Serial*.

Poesias completas. Rio de Janeiro: Sabiá, 1968. 385 p.

Poesia completa. Lisboa: Imprensa Nacional/ Casa da Moeda, 1986. 452 p.

Museu de tudo e depois (1967-1987). Rio de Janeiro: Nova Fronteira, 1988. 339 p.

Obra completa. Rio de Janeiro: Nova Aguilar, 1994. Inclui em primeira edição *Andando Sevilha.* 836 p.

Serial e antes. Rio de Janeiro: Nova Fronteira, 1997. 325 p.

A educação pela pedra e depois. Rio de Janeiro: Nova Fronteira, 1997. 385 p.

Antologias

Poemas escolhidos. Lisboa: Portugália Editora, 1963. 273 p. Seleção de Alexandre O'Neil.

Antologia poética. Rio de Janeiro: Editora do Autor, 1965. 190 p.

Morte e vida severina e outros poemas em voz alta. Rio de Janeiro: Editora do Autor, 1966. 153 p.

Literatura comentada. São Paulo: Abril Educação, 1982. 112 p. Seleção de José Fulaneti de Nadai.

Poesia crítica. Rio de Janeiro: José Olympio, 1982. 125 p.

Melhores poemas. São Paulo: Global, 1985. 231 p. Seleção de Antonio Carlos Secchin.

Poemas pernambucanos. Rio de Janeiro: Nova Fronteira/Centro Cultural José Mariano, 1988. 217 p.

Poemas sevilhanos. Rio de Janeiro: Nova Fronteira, 1992. 219 p.

Entre o sertão e Sevilha. Rio de Janeiro: Ediouro, 1997. 109 p. Seleção de Maura Sardinha.

PROSA

Considerações sobre o poeta dormindo. Recife: Renovação, 1941.[s.n.p.]

Joan Miró. Barcelona: Edicions de l'Oc, 1950. 51 p. Tiragem de 130 exemplares. Com gravuras originais de Joan Miró.

Aniki Bobó. Recife: s/editor, 1958. Ilustrações de Aloisio Magalhães.[s.n.p.] Tiragem de 30 exemplares.

O Arquivo das Índias e o Brasil. Rio de Janeiro: Ministério das Relações Exteriores, 1966. 779 p. Pesquisa histórica.

Guararapes. Recife: Secretaria de Cultura e Esportes, 1981. 11 p.

Poesia e composição. Conferência realizada na Biblioteca Municipal Mário de Andrade, de São Paulo, em 1952. Coimbra: Fenda Edições, 1982. 18 p. Tiragem de 500 exemplares.

Idéias fixas. Rio de Janeiro: Nova Fronteira/ FBN; Mogi das Cruzes, SP: UMC, 1998. 151 p. Org. Félix de Athayde.

Prosa. Rio de Janeiro: Nova Fronteira, 1998. 139 p.

Correspondência de Cabral com Bandeira e Drummond. Rio de Janeiro: Nova Fronteira/ Casa de Rui Barbosa, 2001. 319 p. Org. Flora Süssekind.

Bibliografia selecionada
sobre o autor

ATHAYDE, Félix de. *A viagem (ou Itinerário intelectual que fez João Cabral de Melo Neto do racionalismo ao materialismo dialético)*. Rio de Janeiro: Nova Fronteira/Fundação Biblioteca Nacional, 2000. 111 p.

BARBIERI, Ivo. *Geometria da composição*. Rio de Janeiro: Sette Letras, 1997. 143 p.

BARBOSA, João Alexandre. *A imitação da forma: uma leitura de João Cabral de Melo Neto*. São Paulo: Duas Cidades, 1975. 229 p.

_____. *João Cabral de Melo Neto*. São Paulo: PubliFolha, 2001. 112 p.

BRASIL, Assis. *Manuel e João*. Rio de Janeiro: Imago, 1990. 270 p.

CAMPOS, Maria do Carmo, org. *João Cabral em perspectiva*. Porto Alegre: Editora da UFRG, 1995. 198 p.

CARONE, Modesto. *A poética do silêncio*. São Paulo: Perspectiva, 1979. 128 p.

CASTELLO, José. *João Cabral de Melo Neto: o homem sem alma & Diário de tudo*. Rio de Janeiro: Bertrand Brasil, 2005. 269 p.

COUTINHO, Edilberto. *Cabral no Recife e na memória*. Recife: Suplemento Cultural do Diário Oficial, 1997. 33 p.

CRESPO, Angel, e GOMEZ Bedate, Pilar. *Realidad y forma en la poesía de Cabral de Melo*. Madri: Revista de Cultura Brasileña, 1964. 69 p.

ESCOREL, Lauro. *A pedra e o rio*. São Paulo: Duas Cidades, 1973. 143 p.

GONÇALVES, Aguinaldo. *Transição e permanência. Miró/ João Cabral: da tela ao texto*. São Paulo: Iluminuras, 1989. 183 p.

LIMA, Luiz Costa. *Lira e antilira – Mário, Drummond, Cabral*. 2ª ed. Rio de Janeiro: Topbooks, 1995. 335 p.

LOBO, Danilo. *O poema e o quadro: o picturalismo na obra de João Cabral de Melo Neto*. Brasília: Thesaurus, 1981. 157 p.

LUCAS, Fábio. *O poeta e a mídia*. Carlos Drummond de Andrade e João Cabral de Melo Neto. São Paulo: SENAC, 2003. 143 p.

MAMEDE, Zila. *Civil geometria*. Bibliografia crítica, analítica e anotada de João Cabral de Melo Neto. São Paulo: Livraria Nobel/EDUSP, 1987. 524 p.

MARTELO, Rosa Maria. *Estrutura e transposição*. Porto: Fundação Eng. António de Almeida, 1989. 138 p.

NUNES, Benedito. *João Cabral de Melo Neto*. Petrópolis: Vozes, 1971. 217 p.

PEIXOTO, Marta. *Poesia com coisas: uma leitura de João Cabral de Melo Neto*. São Paulo: Perspectiva, 1983. 215 p.

PEIXOTO, Níobe Abreu. *João Cabral e o poema dramático: Auto do frade, poema para vozes*. São Paulo: Annablume/FAPESP, 2001. 150 p.

SAMPAIO, Maria Lúcia Pinheiro. *Processos retóricos na obra de João Cabral de Melo Neto*. São Paulo: HUCITEC, 1980. 168 p.

SECCHIN, Antonio Carlos. *João Cabral: a poesia do menos e outros ensaios cabralinos*. 2ª. ed., rev. e ampliada. Rio de Janeiro/São Paulo: Topbooks/Universidade de Mogi das Cruzes, 1999. 333 p.

SENNA, Marta de. *João Cabral: tempo e memória*. Rio de Janeiro: Antares, 1980. 209 p.

SOARES, Angélica Maria Santos. *O poema: construção às avessas: uma leitura de João Cabral de Melo Neto*. Rio de Janeiro: Tempo Brasileiro, 1978. 86 p.

SOUZA, Helton Gonçalves de. *A poesia crítica de João Cabral de Melo Neto*. São Paulo: Annablume, 1999. 220 p.

_____. *Dialogramas concretos*. Uma leitura comparativa das poéticas de João Cabral de Melo Neto e Augusto de Campos. São Paulo: Annablume, 2004. 276 p.

VÁRIOS. *The Rigors of Necessity*. Oklahoma: World Literature Today, The University of Oklahoma, 1992. p. 559-678.

VÁRIOS. *Dossiê João Cabral*. Revista Range Rede nº 0. Rio de Janeiro: Grupo de Estudos Literários Palavra Palavra, 1995. 80 p.

VÁRIOS. *João Cabral de Melo Neto*. Cadernos de Literatura nº 1. Rio de Janeiro: Instituto Moreira Salles, 1996. 131 p.

VÁRIOS. *Paisagem tipográfica*. Homenagem a João Cabral de Melo Neto. Lisboa: Colóquio/Letras 157/158, julho-dezembro de 2000. 462 p.

VERNIERI, Susana. *O Capibaribe de João Cabral em O cão sem plumas e O rio: Duas águas?*. São Paulo: Annablume, 1999. 195 p.

TAVARES, Maria Andresen de Sousa. *Poesia e pensamento.* Wallace Stevens, Francis Ponge, João Cabral de Melo Neto. Lisboa: Caminho, 2001. 383 p.

TENÓRIO, Waldecy. *A bailadora andaluza*: a explosão do sagrado na poesia de João Cabral. São Paulo: Ateliê Editorial, 1996. 178 p.

Índice de títulos

35	A criadora de urubus
47	A imaginação do pouco
75	A travessia do Atlântico
71	A viagem
155	A Willy Lewin morto
107	Alguns toureiros
65	As latrinas do Colégio Marista do Recife
13	Autobiografia de um só dia
151	Autocrítica
53	Cais do Apolo
145	Chuvas do Recife
39	"Claros Varones"
137	Coisas de cabeceira, Recife
105	Coisas de cabeceira, Sevilha
113	Conversa de sevilhana
79	Conversa em Londres, 1952
45	Descoberta da literatura
9	Dúvidas apócrifas de Marianne Moore
95	Em missão, de Dacar a Bissau

101	Habitar uma língua
33	Infância
147	Lembrança do Porto dos Cavalos
157	Lendo provas de um poema
123	Lições de Sevilha
27	Menino de engenho
17	Menino de três engenhos
129	Na despedida de Sevilha
89	Na Guiné
111	No Círculo de *Labradores*
115	Numa Sexta-Feira Santa
121	O *aire* de Sevilha
169	O artista inconfessável
163	O autógrafo
97	O automobilista infundioso
83	O corredor de vulcões
125	O exorcismo
127	O ferrageiro de Carmona
23	O jardim de minha avó
167	O poema
171	O postigo
161	O que se diz ao editor a propósito de poemas
91	O sol no Senegal
67	O torcedor do América F. C.
165	O último poema
29	Os primos
153	Poema
51	Porto dos Cavalos
119	*Portrait of a Lady*
139	Pregão turístico do Recife
55	Prosas da maré na Jaqueira
77	Resposta a Vinícius de Moraes

87 Saudades de Berna

61 Teologia marista

135 *The Return of the Native*

141 Volta a Pernambuco

Índice de primeiros versos

27   A cana cortada é uma foice.

75   A dez mil metros de altura

35   A mulher de Seu Costa

167   A tinta e a lápis

171   Agora aos sessenta e mais anos,

139   Aqui o mar é uma montanha

163   Calma ao copiar estes versos

157   Com Rubem Braga, certa vez,

135   Como já não poderá dar-se

89   Conacri dá de volta

141   Contemplando a maré baixa

83   Dá-se que um homem pouco vulcânico

51   De Santana de Dentro à curva

105   Diversas coisas se alinham na memória

137   Diversas coisas se alinham na memória

79   Durante que vivia em Londres,

161   Eis mais um livro (fio que o último)

107   Eu vi Manolo González

169   Fazer o que seja é inútil.

101	J., agora que de regresso
17	Lembro do Poço? Não me lembro?
125	Madrid, novecentos sessenta.
121	Mal cantei teu ser e teu canto
55	Maré do Capibaribe
29	Meus primos todos
165	Não sei quem me manda a poesia
77	Não sou diamante nato
61	Nas aulas de Apologética,
53	No Cais do Apolo, no Recife,
111	No Círculo de *Labradores*,
45	No dia-a-dia do engenho,
13	No Engenho Poço não nasci:
65	Nos Colégios Maristas (Recife),
119	Nunca vi nem mesmo andaluza
39	O administrador José Ferreira
95	O avião-táxi me apeia em Bissau,
67	O desábito de vencer
147	O incenso e fumos não sagrados:
87	Onde jamais reencontrar
91	Para quem no Recife
23	Qualquer chácara então podia
71	Quem é alguém que caminha
155	Se escrevemos pensando
113	Se vamos todos para o inferno,
145	Sei que a chuva não quebra osso,
115	Semana Santa na Andaluzia:
9	Sempre evitei falar de mim,
47	Siá Floripes veio do Poço
151	Só duas coisas conseguiram
33	Sobre o lado ímpar da memória
123	Tenho Sevilha em minha cama,

129	*"Tó lo bueno le venga a U'ted.*
153	Trouxe o sol à poesia,
127	Um ferrageiro de Carmona
97	Viajar pela *Provença*

ALFAGUARA

Copyright © by herdeiros de João Cabral de Melo Neto
Todos os direitos desta edição reservados à
Editora Objetiva Ltda.
Rua Cosme Velho, 103
Rio de Janeiro — RJ — Cep: 22241-090
Tel.: (21) 2199-7824 — Fax: (21) 2199-7825
www.objetiva.com.br

Capa e projeto gráfico
Mariana Newlands

Imagem de capa
Acervo de família

Imagens do miolo
Fotos do acervo de família, exceto a da página 4 (Aluizio Arruda/JC Imagem/Reprodução)

Concepção
Inez Cabral

Edição
Isa Pessoa

Estabelecimento de texto e bibliografia
Antonio Carlos Secchin

Revisão
Fátima Fadel
Sônia Peçanha

Editoração eletrônica
Abreu's System Ltda.

CIP-BRASIL. CATALOGAÇÃO-NA-FONTE
SINDICATO NACIONAL DOS EDITORES DE LIVROS, RJ.

M486a
    Melo Neto, João Cabral de
        O artista inconfessável / João Cabral de Melo Neto. — Rio de Janeiro : Objetiva, 2007.
        199p.   ISBN 978-85-60281-20-6

        1. Poesia brasileira. I. Título.

07-2602
                                            CDD: 869.91
                                            CDU: 821.134.3(81)-1

Este livro foi impresso na
LIS GRÁFICA E EDITORA LTDA.
Rua Felício Antonio Alves, 370 – Bonsucesso
CEP 07175-450 – Guarulhos – SP – Fax: (11) 6436-1538
Fone: (11) 6436-1000 – e-mail: lisgrafica@lisgrafica.com.br